RUSE AU MUSÉE

WALT DISNEY
COLLECTION MYSTÈRE

RUSE AU MUSÉE

Disney
HACHETTE ÉDITION

Ont collaboré à cet ouvrage :
Éric Calmels pour le scénario,
Véronique de Naurois pour le texte,
Benoît Bayard pour les illustrations,
Éric Calmels pour l'encrage,
Jean-Jacques Chagnaud pour la mise en couleurs,
Max Monteduro pour la mise en couleurs de la couverture.

Chapitre 1
UN APRÈS-MIDI DE CHIEN

D'un geste vif, Minnie pose le dernier dossier sur la pile qu'elle vient de ranger et se dirige vers la fenêtre. Elle a décidé de profiter de ce dimanche pluvieux pour mettre de l'ordre à l'Agence.

« Quelle barbe ! bougonne-t-elle en constatant que ni le vent ni la pluie n'ont faibli. Il n'y a pas moyen de sortir, c'est un temps à ne pas mettre un chien dehors ! Désolée, Pluto ! La nuit va tomber et on n'aura pas pris l'air de la journée ! »

Assis devant le tout nouvel ordinateur de l'Agence, absorbé par une recherche sur Internet, Mickey lève le nez un instant et se tourne vers Minnie en souriant.

« Allons, ne te démoralise pas ! Ce n'est pas grave si Pluto n'a pas pu se dégourdir les pattes ! Regarde comme il a l'air heureux, bien au chaud sur le canapé, le museau enfoui dans les coussins ! »

Minnie observe Pluto qui dort en poussant de petits grognements, un sourire au coin des babines.

« Lui peut-être, répond-elle, dépitée, mais moi, je n'aime pas rester enfermée une journée entière. Il faut que je bouge. Une bonne promenade au grand air m'aurait fait du bien !

– Fais comme moi : profites-en pour réactualiser tes connaissances. Je viens justement de tomber sur un site intéressant ! C'est une mine de renseignements sur les bandits que nous pouvons, toi et moi, être appelés à rencontrer un jour ! »

Minnie se penche par-dessus l'épaule de son associé. Sur l'écran de l'ordinateur s'affichent le nom et le *curriculum vitae* des plus grands malfaiteurs de la planète, assortis de leur profil psychologique et de leur avis de recherche.

« Tu as raison, approuve-t-elle, ces informations sont vraiment précieuses pour l'Agence. Elles vont également faire le bonheur de notre ami le commissaire Finot, si tu vois ce que je veux dire !

– Oh, très bien ! acquiesce Mickey. Ce brave Finot est tellement débordé qu'il ne mène plus une seule enquête sans nous consulter ! »

Le détective s'étire en bâillant. Au-dehors, la nuit est tombée.

« À propos, quelle heure est-il ? »

Minnie allume la lampe halogène et consulte sa montre :

« Déjà vingt heures trente ! Que dirais-tu de grignoter quelque chose ? On pourrait se faire livrer des pizzas ?

– Bonne idée, j'ai une faim de loup ! Tiens, dès qu'on parle de manger, voilà M. Pluto qui se réveille ! Je crois que nous n'allons pas être seuls à nous régaler ! »

Pluto sur ses talons, Minnie file vers le téléphone et passe la commande, puis elle s'éloigne vers la petite cuisine pour allumer le four.

Une demi-heure plus tard, le livreur frappe à la porte avec, dans les mains, des boîtes en carton contenant deux appétissantes pizzas. À peine Minnie a-t-elle fini de les faire réchauffer que la sonnette de l'entrée retentit.

Mickey se lève pour aller voir de quoi il s'agit, mais la porte s'ouvre déjà à toute volée, poussée par un Donald surexcité.

« Eh bien, on peut dire que tu tombes bien, toi ! Tu vas manger un morceau avec nous… » propose le détective, tandis que Minnie ajoute son couvert.

« Alors, ça y est, tu as trouvé un travail ? » lui demande-t-elle.

Donald se tortille de joie sur sa chaise. « Mieux que ça, j'ai trouvé l'emploi idéal. Exactement ce qu'il me faut : pas trop fatigant, tranquille et bien payé ! C'est un poste de confiance, à responsabilités quoi ! » précise-t-il en bombant le torse.

Mickey et Minnie échangent un regard complice. Décidément, les gamineries de leur ami les amuseront toujours. Donald laisse planer le silence un moment puis, d'un ton théâtral :

« Vous avez devant vous le nouveau gardien de nuit du musée de Mickeyville !

– Non ! s'exclame Minnie. C'est formidable !

– Ah ça oui ! renchérit Mickey. On te félicite, mon vieux ! Quand commences-tu ?

– Demain lundi, répond Donald en s'attaquant avec enthousiasme à une copieuse part de pizza. Je prends mes fonctions à l'occasion du vernissage de l'exposition du peintre sculpteur Eugène Delatoile !

– Eugène Delatoile ! s'écrie Minnie, les yeux brillants, mais je l'adore ! C'est à lui que je dois mon intérêt pour le monde de l'art ! Un talent fou doublé d'une personnalité géniale. Et puis, ces couleurs, cet esprit dans le coup de pinceau… Au fait, je le croyais disparu ?

– Absolument pas, puisqu'il sera au vernissage. D'ailleurs, j'ai été désigné pour lui servir de garde du corps ! se rengorge Donald.

– Tu as sans doute raison, reprend Mickey, cependant, Minnie n'a pas complètement tort. Car même si l'affaire date de quelques années et qu'elle s'est bien terminée, cette disparition avait fait la une des journaux de l'époque. Du jour au lendemain, on n'avait plus entendu parler de lui !

– Oui, eh bien croyez-moi, il est vivant, insiste Donald. Et si vous voulez en avoir le cœur net, rien de plus facile : vous n'avez qu'à venir au musée demain, à partir de dix-huit heures !

– Excellente idée ! répond Minnie. On a été pas mal débordés à l'Agence, ces temps-ci ! Un moment de détente ne nous fera pas de mal ! »

Mickey affiche un air songeur. Il passe en revue son emploi du temps du lendemain : paperasses, visite à la comptable et déjeuner à l'amicale des détectives. Rien de passionnant !

« Bon, c'est entendu ! ajoute-t-il avec un sourire. Je vais enfin connaître le génie du siècle ! »

Chapitre 2
FIASCO AU VERNISSAGE

Donald a annoncé à Mickey et Minnie qu'il avait trouvé un emploi de gardien au musée. Il leur a également donné rendez-vous au vernissage de l'exposition du célèbre Eugène Delatoile…

Le lendemain, une drôle d'ambiance règne aux abords du musée de Mickeyville.

« Ce n'est pas ce qu'on peut appeler un franc succès ! remarque Mickey en garant sa voiture. Il n'y a pas un chat ! On se croirait un jour de fermeture !

– Oui, note Minnie. C'est bizarre ! Si Donald ne nous avait pas dit que le vernissage avait lieu aujourd'hui, on pourrait penser s'être trompés de jour ! »

Mickey éteint son moteur, puis rejoint

son amie sur le trottoir. Ensemble, ils gravissent les marches du musée. L'endroit est désert. Pourtant, près de la porte d'entrée, une affiche a été accrochée pour renseigner les visiteurs.

« Décidément, ça s'aggrave! plaisante Mickey. Personne au-dehors, personne à l'intérieur! J'ai bien peur que ton génie de la peinture n'ait plus la cote! »

Minnie hausse les épaules, un peu vexée. Non seulement Mickey n'y connaît rien, mais en plus il fait de l'esprit.

« Pas du tout, proteste-t-elle, ça n'a rien à voir! J'ignore ce qu'il se passe, mais il y a sûrement une bonne raison à ce fiasco! Et c'est même peut-être inquiétant, monsieur le détective! Dans ces circonstances, je suis sûre que Pluto aurait plus de flair que toi.

– Pourquoi? Tu crois donc qu'Eugène Delatoile fait de la peinture sur os? demande Mickey en éclatant de rire. Allez, au lieu de te fâcher, viens donc admirer les œuvres de ton grand artiste! »

Les deux détectives pénètrent dans la première salle d'exposition. De larges panneaux aux motifs abstraits y côtoient une série de collages.

« Hum ! Tu avais raison, c'est vraiment très… coloré ! » constate Mickey.

D'un coup de coude, Minnie le rappelle à l'ordre. Puis elle s'éloigne, agacée par les moqueries de son ami.

M. Miraud, le conservateur du musée, se dirige à grands pas vers le détective. Le gros homme a l'air désemparé et s'éponge le front avec un grand mouchoir.

« Ah, mon pauvre ami, quelle catastrophe ! gémit-il. Le service de presse a envoyé plus de deux cents invitations et voyez, il n'y a personne. Je n'y comprends rien ! C'est à croire que la poste est en grève ! »

D'un geste ample, M. Miraud désigne l'ensemble des salles. Tout est prêt pour le vernissage. Des dépliants sont empilés sur les guéridons, dans l'angle des pièces. Des verres de champagne et des petits-fours, savamment disposés, attendent les visiteurs. Mais le musée est désespérément désert. Seul un photographe y déambule en prenant des clichés.

« Qui est-ce ? demande Mickey.

– Oh, celui-là, je m'en serais bien passé ! bougonne le directeur. C'est le reporter d'*Ici-Mickeyville*. Il s'occupe des potins et des scandales ! Aussi, vous imaginez la publicité qu'il va nous faire ! Je vois d'ici les gros titres : " Fiasco au vernissage ! " Le pauvre Eugène Delatoile, après toutes ces années d'absence, c'est un coup dur pour lui !

– En effet, approuve Mickey, mais à propos, où est-il ?

– Dans la salle du fond, près du buffet,

répond une grosse voix que le détective reconnaît aussitôt. Il est en compagnie de Minnie qui m'a chargé de te dire qu'elle t'y attendait !

– Commissaire ! Que faites-vous ici ?

– La même chose que toi ! répond Finot, jovial. La peinture m'intéresse. Et puis, M. Miraud m'a chargé d'assurer le service d'ordre avec mes hommes, en cas d'affluence. Comme tu peux le constater, cette précaution était plutôt superflue ! »

Le directeur du musée sourit, un peu gêné.

« Que diriez-vous d'un petit rafraîchissement ? » propose-t-il en les entraînant vers le buffet.

Au moins, s'il y en a une qui ne regrette pas d'être venue, c'est Minnie. Elle est aux anges. Un verre de jus d'orange à la main, elle écoute, fascinée, les commentaires d'un homme assez âgé, très grand, très droit et à la chevelure blanche qui, avec des gestes lents, lui explique certaines de ses œuvres.

À chaque démonstration, quand il parle

de tableaux accrochés assez loin ou de sculptures exposées à l'autre bout de la salle, il chausse des petites lunettes de myope qu'il retire ensuite pour les replacer dans la poche de son veston.

De temps à autre, il se retourne et jette un coup d'œil furtif à Donald qui, sanglé dans son bel uniforme tout neuf, semble décidé à ne pas le lâcher d'une semelle.

« L'artiste et son garde du corps ! » songe Mickey en s'approchant d'eux.

Eugène Delatoile l'accueille chaleureusement. Sa poignée de main est d'autant plus sympathique que le désarroi inscrit sur son visage fait peine à voir.

« Je suis désolé pour ce vernissage ridicule ! s'excuse-t-il en désignant les salles désertes. Je ne comprends pas ce qu'il s'est passé... J'ai moi-même supervisé la préparation des invitations. Vous savez, cette exposition est essentielle pour moi ! J'ai tant souffert pendant toutes ces années... Elle devait me permettre de reconquérir mon public. Je ne sais quoi penser ni quoi faire ! »

Mickey fronce les sourcils. Une idée vient de lui traverser l'esprit.

« Vous dites que vous vous êtes chargé des invitations, seulement, êtes-vous parfaitement sûr qu'elles ont bien été envoyées ?

– Mais... je le suppose ! reprend Eugène Delatoile. Quand je les ai vues pour la dernière fois, elles étaient toutes regroupées dans un gros sac. C'est l'attachée de presse qui s'est chargée de les poster et elle m'a assuré tout à l'heure que le nécessaire avait été fait !

– Et cela remonte à quand ? s'enquiert Minnie.

– Oh, trois bonnes semaines ! » affirme l'artiste.

Mickey hoche la tête. Avec un tel délai, tout le monde aurait dû recevoir ce courrier. À moins que quelqu'un n'ait eu intérêt à ce qu'il disparaisse...

Mais qui ? Et dans quel dessein ?

Chapitre 3
DES INVITATIONS « FANTÔMES »

Le vernissage de l'exposition d'Eugène Delatoile n'a pas déplacé les foules : malgré l'envoi de deux cents invitations, le musée est resté désert. Et cela semble bien mystérieux à nos deux détectives…

Les bras chargés de livres et de dossiers, Mickey pousse la porte de l'Agence avec son pied, va poser son fardeau près de l'ordinateur, puis se plante devant Minnie au moment où elle repose le combiné du téléphone.

« Alors, que t'a dit le maire ?

– Oh, exactement ce à quoi nous nous attendions, soupire-t-elle, il n'a rien reçu, bien sûr ! Ni lui ni aucun de ses conseillers ! Et sais-tu qui figure parmi eux ? L'expert en art moderne, Elsa Paray, qui est en charge des affaires culturelles de la ville ! Je l'ai appelée. Elle savait qu'une exposition se préparait, mais n'ayant pas été informée de la date du vernissage et n'ayant pas reçu son invitation…

– Évidemment ! reconnaît Mickey. Cette histoire est curieuse… Cela mérite une petite visite à l'attachée de presse du musée.

– Justement, je me proposais d'y aller ! dit Minnie. J'ai quelques questions à lui poser. Et toi, que comptes-tu faire avec tout ce barda ? demande-t-elle en désignant les piles de documents qui s'entassent sur le bureau. Tu déménages ou tu t'es enfin décidé à mettre de l'ordre ? »

Mickey, piqué au vif, sourit quand même. C'est vrai qu'il a tendance à tout laisser traîner et à ne rien ranger…

« Ni l'un ni l'autre ! réplique-t-il en allumant son ordinateur. Pendant que tu iras à la pêche aux renseignements, je vais enquêter de mon côté. J'ai quelques vérifications à faire sur Internet, des points de détail qui se recoupent curieusement et que je vais comparer avec la documentation que j'ai trouvée sur Eugène Delatoile… Ça m'est venu à l'esprit hier soir, quand j'ai vu ton peintre favori et depuis, ça me trotte dans la tête !

– Des recoupements ? s'étonne Minnie. Que veux-tu dire ? Je ne vois pas ce que "mon" peintre, comme tu l'appelles, a de commun avec tous ces voyous fichés au grand banditisme !

– Sait-on jamais ? répond Mickey d'un air mystérieux. J'ai ma petite idée là-dessus… Tu en sauras bientôt davantage ! »

Un peu énervée, Minnie ferme vivement la porte de l'Agence et sort dans la rue. Elle marche d'un pas rapide en repensant aux cachotteries de Mickey.

« C'est toujours comme ça avec lui ! songe-t-elle, agacée. Dès qu'il a un doute ou des soupçons, il préfère ne rien dire plutôt que d'avoir à s'expliquer sur des choses dont il n'est pas sûr. »

Minnie s'engage sur la Grand-Place qui borde le musée, quand elle aperçoit Donald qui se précipite vers elle en brandissant un journal. Il a la casquette de travers, les traits tirés et la cravate en bataille…

« Tu as l'air fatigué ! lui dit-elle après l'avoir salué.

– Plutôt inquiet ! explose Donald. Et drôlement, même ! Tiens, regarde, avec la publicité qu'on nous fait dans ce torchon, je ne vais pas tarder à retourner en vacances, moi ! »

Minnie lit les titres du journal. Comme il fallait s'y attendre, le fiasco de la veille y est relaté, avec les photos du musée désert à l'appui. Ah, il n'a pas perdu de temps, le reporter d'*Ici-Mickeyville* ! M. Miraud avait raison de s'inquiéter.

« Et il est encore là, ce charognard ! reprend Donald. Tu ne peux pas le manquer, il est à l'entrée, il interviewe les passants en leur demandant leurs impressions sur le "non-événement" ! »

Minnie jette un regard dans la direction indiquée par son ami ; en effet, le photographe arpente l'esplanade du musée, son appareil autour du cou.

« Fiasco au vernissage : la suite ! » pense-t-elle en se dirigeant vers lui.

Le jeune homme a l'air assez sournois, mais il semble plutôt flatté qu'on l'aborde.

« D'habitude, c'est moi qui fais les premiers pas ! » dit-il, fanfaron.

Minnie n'est pas d'humeur à plaisanter.

« Juste une question, l'interrompt-elle, vous étiez au vernissage hier soir, comment avez-vous su qu'il allait avoir lieu ? »

Pris de court, le photographe répond :

« Mais, comme tout le monde, j'ai reçu une invitation ! »

Cette fois, c'est au tour de Minnie d'être surprise.

« Justement non, pas comme tout le monde ! » lance-t-elle au reporter. Et, sans plus de commentaires, elle tourne les talons.

Quelques minutes plus tard, Minnie est installée dans le bureau de l'attachée de presse du musée. Complètement paniquée, la jeune femme noie la détective sous un déluge d'explications qu'elle débite d'une voix suraiguë.

Elle n'y comprend rien. Delatoile a dit vrai : les invitations ont bien été réunies dans un sac postal !

Elle fait les cent pas en se passant nerveusement les mains dans les cheveux.

C'est elle-même qui l'a fermé, de ses propres mains…

Soudain, la jeune femme s'immobilise, comme paralysée par une idée affreuse. Les yeux dans le vague, elle se laisse tomber dans son fauteuil.

« Que vous arrive-t-il ? demande Minnie, qui hésite maintenant entre l'agacement et l'inquiétude.

– Je viens de me souvenir d'un détail, souffle l'attachée de presse, un détail tellement important que je ne comprends pas comment j'ai pu l'oublier…

– Quoi donc ?

– Eh bien, la semaine dernière, j'étais débordée à cause de l'exposition qui approchait. Je devais effectivement porter les invitations à la poste, mais j'avais un dossier urgent à finir. J'ai donc demandé à Isidore, le coursier, de venir prendre le sac et de se charger du transport.

– Voilà qui paraît très intéressant, note Minnie. Isidore est-il un homme en qui vous ayez entièrement confiance ?

– C'est un employé modèle, précise-t-elle, je n'ai aucune raison de me méfier de lui ! Je peux l'appeler, si vous voulez ! »

Minnie accepte d'emblée. Ce coursier pourrait bien détenir la clé de l'affaire…

Une simple pression sur l'interphone et un grand garçon à l'allure débraillée fait irruption dans le bureau.

« J'mettais de l'ordre dans la r'mise ! » s'excuse-t-il en apercevant Minnie.

L'attachée de presse, qui essaie tant bien que mal de retrouver son calme, s'approche pour l'interroger :

« Isidore, dis-moi, qu'as-tu fait du sac de courrier que je t'ai confié la semaine dernière ? Tu sais, celui qui contenait les invitations pour le vernissage ? »

Le coursier ouvre des yeux effarés, hésite un instant, puis s'explique d'un ton embarrassé :

« Ben, c'est que... voilà, j'allais le mettre dans la camionnette, comme je fais d'habitude, quand j'vois m'sieur Delatoile qui rapplique. " Vous souciez pas, qu'il me dit, je l'y déposerai moi-même en rentrant chez moi ! " Au début j'ai refusé, bien sûr, rapport à mon travail, mais vu qu'il insistait et que c'était pour lui tout ça, j'ai accepté ! J'vois bien, aujourd'hui, que j'aurais pas dû ! »

Chapitre 4
VOL SPECTACULAIRE AU MUSÉE

En interrogeant l'attachée de presse du musée, Minnie a appris qu'Eugène Delatoile s'était chargé lui-même de poster les invitations. De son côté, Mickey fait de mystérieuses recherches…

Le lendemain matin, à l'Agence, nos deux détectives profitent du petit déjeuner pour faire le point.

« Cette affaire est bizarre ! observe Minnie. Voilà un artiste qui a disparu pendant plusieurs années et qui, au moment où il resurgit à la faveur d'une exposition, s'arrange pour escamoter les invitations à son vernissage… Sauf une ! Celle qui était destinée au journal à cancans de la ville et qui, elle, est arrivée à bon port !

– Oui, acquiesce Mickey, ça paraît incroyable… Peut-être Eugène Delatoile a-t-il voulu créer un incident pour qu'on parle de lui ?

– Eh bien, c'est réussi, s'écrie Minnie, il suffisait d'entendre les conversations, hier, dans la rue… Pourtant, j'ai peine à croire qu'il l'ait fait pour ça. Il avait l'air si sincèrement désolé, l'autre soir… Et il a tellement insisté sur le fait qu'il s'était occupé personnellement des invitations et qu'il les avait remises en main propre à l'attachée de presse… Il faudrait vraiment que ce soit un sacré menteur, qu'en penses-tu ? »

Mickey esquisse un geste vague.

« Je n'en sais rien ! C'est vrai qu'il était plutôt convaincant… Mais Eugène Delatoile a peut-être une raison beaucoup moins avouable de tromper tout le monde, une raison qui le rend très doué pour le mensonge… »

Minnie glisse un regard intrigué à son ami. Ça y est, le voilà qui reprend son air mystérieux.

« Toi, j'ai l'impression que tu as encore une idée en tête… »

Mickey sourit. Son amie n'a pas tout à fait tort ! Il n'a pas perdu son temps pendant qu'elle enquêtait au musée. Ses recherches sur Internet ont été plutôt fructueuses…

« Je préfère ne rien en dire pour le moment ! lui confie-t-il, un peu gêné, ce ne sont que des suppositions, tu sais ! Je ne peux rien affirmer ! »

Minnie n'a pas le temps d'argumenter pour que Mickey se décide à lui faire part de ses soupçons, car la sonnette de la porte d'entrée retentit. Elle se précipite pour aller ouvrir.

« Ah, commissaire ! s'écrie-t-elle en faisant entrer son vieil ami, vous tombez à pic, nous parlions justement de l'affaire du musée. Je vous offre un café ? »

Finot accepte et, tout en saluant les deux détectives, il pose brutalement le journal du matin sur la table.

« Je suis venu pour ça ! » dit-il en pointant son doigt sur les titres de la première page.

Nos deux détectives se penchent et les lisent en chœur, à voix haute :

« “Vol spectaculaire cette nuit au musée : des tableaux ont disparu ”.

– Ça alors ! s’exclame Minnie, ahurie. Comment cela a-t-il pu se produire ? Le musée est pourtant bien gardé !

– D’après ce que j’ai pu constater en me rendant sur place, le voleur a travaillé en spécialiste : aucune trace d’effraction, aucun indice ! En dehors des trois tableaux disparus, rien n’a bougé… Du beau travail ! Le bandit n’a même pas pris la peine de les emporter avec leur cadre, il a tout simplement découpé la toile au cutter.

– Et Donald ? demande Mickey. Il a certainement vu quelque chose ?

– On l’espère, réplique le commissaire, mais pour le moment, il dort profondément. Impossible de le réveiller ! D’après les médecins, les bandits ont dû lui administrer un puissant somnifère. D’ailleurs, il a une marque de piqûre sur l’épaule.

– Il n’est pas en danger, au moins ? s’inquiète Minnie.

– Non, rien à craindre, notre ami est solide comme un roc, il sera juste un peu ramolli pendant quelque temps, c’est tout !

Les effets secondaires de la drogue, à ce qu'il paraît !

– Donald qui dort profondément, sans ronchonner, sans bougonner et sans s'énerver ? Je suis curieux de voir ça ! glousse Mickey… Oh, pardon, ça m'a échappé ! s'excuse-t-il en croisant le regard plein de reproche de Minnie.

– Il n'empêche qu'en attendant qu'il se réveille, on n'a pas la moindre piste, reprend Finot, imperturbable.

– Et Yvan-le-faussaire, ça vous dit quelque chose, commissaire ? » lance soudain Mickey.

Le policier sursaute, pris de court par la question.

« Et comment ! C'est un spécialiste de la fausse monnaie et des braquages. J'ai enquêté sur son hold-up à la banque de Mickeyville, il y a trois ans ! Un joli coup, bien monté !

– Et alors ?

– On n'a jamais retrouvé le bonhomme ! Disparu avec l'argent ! Envolé ! Yvan-le-faussaire a la particularité de changer d'apparence à chaque forfait, ça ne facilite pas les choses ! On ne sait pratiquement rien de lui : un prénom au dos d'une photo d'enfant, accompagné d'une date et d'un lieu de naissance, une image floue sur une bande vidéo au cours d'un hold-up... Mais en quoi t'intéresse-t-il, ce gars-là ? Je ne comprends pas ce qu'il a à voir avec le vol du musée.

– Il se pourrait qu'il existe un lien, souffle Mickey en reposant sa tasse de café. J'ai l'impression que cette affaire se révèle plus compliquée qu'elle n'en a l'air... Afin d'en être certain, il faudrait que vous me prêtiez le dossier d'Yvan-le faussaire pour que je l'examine... enfin si c'est possible, bien entendu. »

Finot esquisse une moue dubitative ; franchement, il ne voit pas le rapport entre ce satané bandit et la peinture ! Et puis, il n'aime pas trop confier des dossiers confidentiels à des personnes extérieures aux services de police. D'un autre côté, il sait que son ami Mickey se montre tout à fait digne de confiance.

« Remarque, le bandit est capable de s'être recyclé... lâche-t-il. Tu n'as qu'à m'accompagner, je dois retourner au musée.

On fera un détour par le commissariat ! »

Tandis que Mickey et le commissaire se dirigent vers la voiture de police, Minnie regarde par la fenêtre pour s'assurer qu'ils ne risquent pas de revenir. Puis elle ouvre son sac à main, en sort une carte de visite et décroche le téléphone…

Chapitre 5
OÙ EST PASSÉ LE VOLEUR ?

La nuit passée, un vol a été commis au musée : trois tableaux d'Eugène Delatoile ont disparu. L'affaire se complique ! Et Mickey continue d'enquêter en solitaire…

« Alors, tu trouves ton bonheur ? »

Finot glisse un regard ironique vers Mickey avant de s'arrêter devant l'esplanade du musée. Le détective est resté muet pendant tout le trajet. Il a feuilleté l'épais dossier qu'un inspecteur lui a remis au commissariat.

« Ça ira, j'ai de quoi faire !

– Ah, je pense bien ! s'esclaffe le policier, tu as en main tous les rapports d'enquêtes concernant les braquages d'Yvan-le-faussaire ! Et ça en fait un bon paquet ! »

Les deux amis ont à peine posé le pied sur le trottoir qu'un groupe de journalistes fonce vers eux.

« Commissaire, avez-vous une déclaration à faire sur le vol ? » demande l'un d'entre eux en brandissant son micro. Derrière lui, les flashes des photographes crépitent... Finot passe, sans desserrer les dents. Mickey le suit de près. Il regarde, abasourdi, la foule qui s'est massée devant les portes du musée.

« Ils attendent l'ouverture pour visiter l'exposition », explique Finot.

Le détective n'en revient pas. Dire qu'il y a quelques heures à peine, le musée était désespérément vide ! Le fait divers de la nuit va transformer cette exposition ratée en un succès retentissant. C'est incroyable !

Le commissaire saisit Mickey par le bras et l'entraîne vers une porte latérale. M. Miraud, le conservateur, les a vus arriver et n'a que le temps de l'entrebâiller pour les faire entrer.

« Ah, mes amis, vous voilà ! s'écrie-t-il, soulagé, vous avez vu dehors ? C'est de la

folie ! Je n'aurais jamais imaginé un tel succès. Ils sont tellement excités ! J'espère qu'ils ne vont rien casser pendant qu'on les fait patienter…

– Ne vous inquiétez pas, vous allez bientôt pouvoir ouvrir, le rassure Finot. Nous n'en avons pas pour longtemps ! »

Le commissaire conduit Mickey sur le lieu du vol.

« Comment va Donald ? demande le conservateur, visiblement inquiet, vous avez des nouvelles ?

– Pas encore ! Il est toujours à l'hôpital. J'attends qu'il se réveille… Et vous, vous avez fait prévenir l'artiste ?

– Oui, j'ai demandé à l'attachée de presse de s'en charger, répond M. Miraud, mais c'est curieux, il ne s'est toujours pas manifesté… »

Mickey jette un regard circulaire sur la salle où il avait retrouvé Minnie en compagnie d'Eugène Delatoile, le soir du vernissage. Trois peintures de taille moyenne manquent sur le mur du fond. Elles ont effectivement été découpées au cutter. Seuls les cadres sont encore en place.

« Certainement pour ne pas déclencher l'alarme », songe le détective.

Puis il se tourne vers le conservateur :

« Et Donald, où l'avez-vous trouvé ?

– Ici ! répond M. Miraud, en montrant l'endroit au centre de la pièce. Juste là, au pied de cette statue ! »

Mickey découvre une très haute sculpture en résine, peinte en noir, avec des parties mobiles, le tout reposant sur un gros socle de bois laqué de rouge.

« Fichtre ! C'est un vrai monument d'art moderne ! s'exclame-t-il, ébahi. Impossible à caser dans un appartement ! »

Finot explique à son ami détective :

« Le plus rageant, c'est que les caméras n'ont rien enregistré de suspect et que le dispositif de sécurité n'a pas fonctionné !

– Comment cela ? s'étonne Mickey.

– Je ne sais pas comment ça se fait, avoue le conservateur... Les caméras contrôlent toutes les issues du musée et on ne comprend absolument pas comment le voleur a pu s'y introduire, puis ressortir sans être filmé. Sur les bandes vidéo, on ne voit personne. Quant au deuxième système

d'alarme, plus complexe et indépendant du premier, le gardien est obligé de le débrancher pour faire sa tournée…

– Il s'agit bien d'un système à base de rayons infrarouges ? demande Mickey.

– Exactement ! Ils traversent les salles d'exposition à des endroits précis.

– Ce qui veut dire, explique Finot, que, lorsqu'il est activé, personne ne peut pénétrer dans la salle où nous sommes, sans déclencher aussitôt l'alarme, laquelle est reliée directement à notre poste de police ! De plus, le troisième système d'alarme, qui détecte un éventuel décrochage des tableaux, est resté inefficace puisque le voleur a découpé les toiles. »

Mickey arpente les lieux en se frottant le menton, l'air songeur.

Entre le mur sur lequel étaient accrochées les peintures volées et l'emplacement où Donald a été retrouvé inanimé, il n'y a qu'une faible distance…

« Une chose est sûre, c'est que le larcin a été commis pendant une ronde, affirme le détective. Le cambrioleur devait être caché quelque part, hors de portée des rayons infrarouges… Il a dû attendre sans bouger que Donald ait coupé le système de sécurité et qu'il passe près de lui pour pouvoir le neutraliser ! »

Le commissaire pousse un sifflement admiratif :

« Excellente analyse !

– Mais alors, s'inquiète le conservateur en les raccompagnant, et arrêtez-moi si je me trompe, s'il n'y a rien sur les bandes vidéo, c'est que le voleur est encore ici !

– Probable, commente Mickey.

– Ah ça non, je regrette, c'est impossible ! proteste énergiquement Finot, mes hommes ont passé les lieux au peigne fin, des caves à la toiture, et je peux vous affirmer qu'ils n'ont rien trouvé ! Pas le moindre suspect. Ce n'est quand même pas l'homme invisible, ce voleur !

– Ne vous fâchez pas, commissaire, reprend Mickey, je voudrais en avoir le cœur net… Si vous me le permettez, j'assurerai la garde cette nuit, avec Donald. J'aimerais vérifier certaines choses. »

Finot se tourne d'un air interrogateur vers le conservateur qui, d'un hochement de tête, lui fait signe qu'il est d'accord.

« Comme tu voudras… » soupire le policier en se dirigeant d'un pas rapide vers la sortie.

Chapitre 6
DRÔLE D'ARTISTE

Malgré la présence du voleur, le système d'alarme ne s'est pas déclenché. Pour comprendre la raison de cette défaillance et confirmer ses intuitions, Mickey a décidé de passer la nuit au musée…

« Je suis bien chez M. Eugène Delatoile ? »

Minnie serre son sac contre elle, soudain inquiète. Le majordome qui vient d'ouvrir n'a rien d'engageant. Efflanqué, la mine sombre et les traits creusés, il scrute Minnie de la tête aux pieds d'un air méfiant.

« Qui est-ce, Alfred ? » demande une voix à l'intérieur de la maison.

Le majordome tourne vivement la tête.

« Une visite pour vous, monsieur… une dame !

– Ah oui ! Je l'attendais. Faites-la entrer ! »

« Drôle d'individu ! Il n'a vraiment pas la tête de l'emploi, on dirait plutôt un bandit », pense Minnie en suivant le majordome jusqu'au salon.

Dans une grande pièce aux lourdes tentures, décorée des œuvres du Maître, Eugène Delatoile l'attend, assis dans un fauteuil de soie pourpre. Il est vêtu d'une veste d'intérieur en velours, marquée à ses initiales. Des petites lunettes dépassent de sa poche de poitrine.

« Ah, vous voilà enfin, ma chère ! s'exclame-t-il en se levant d'un bond pour venir à la rencontre de la détective. Depuis votre coup de fil de tout à l'heure, j'espérais votre arrivée ! »

L'artiste regagne son fauteuil où il se laisse tomber lourdement et offre à Minnie de s'asseoir.

« Vous ne pouvez imaginer le désarroi dans lequel je me trouve, soupire-t-il. D'abord l'échec de mon vernissage, et puis maintenant ce vol...

– Justement, l'interrompt Minnie, avez-vous une explication à tous ces événements ?

– Aucune, si ce n'est la négligence des employés et de la direction du musée! »

Minnie marque une certaine surprise. Connaissant le sérieux de M. Miraud et de son équipe, elle ne s'attendait pas à une telle mise en cause... L'homme ne manque pas de toupet! N'est-ce pas lui qui a repris les invitations à Isidore au moment où il allait les poster? Minnie l'observe du coin de l'œil. L'artiste s'enfonce dans son fauteuil en prenant un air désespéré. Quel jeu joue-t-il? La détective poursuit cependant son interrogatoire comme si de rien n'était :

« Vous accusez quelqu'un en particulier?

– Non ! C'est toute l'organisation qui est à condamner! Le système vidéo, par exemple, est très insuffisant! On ne surveille pas un musée en ne contrôlant que les entrées et les sorties! L'alarme, mal réglée, n'a pas fonctionné! Et le gardien de nuit! Un idiot sans expérience engagé deux jours à peine avant mon vernissage... »

Minnie sursaute à l'évocation de ce pauvre Donald, drogué par le voleur.

« Ce que vous dites est très injuste,

s'écrie-t-elle, indignée, c'est un employé scrupuleux, au contraire, et qui a fait son travail ! »

Eugène Delatoile hausse les épaules en poussant un soupir.

« De toute façon, c'est aux assurances de régler le problème ! Croyez-moi, ma chère, je serai précis dans mes déclarations, et il faudra qu'on me dédommage largement pour le préjudice non seulement matériel, mais aussi moral, causé par ce vol ! »

Minnie ouvre des yeux ahuris. Celui qui est assis devant elle affiche un air si cupide, ses propos sont si intéressés, qu'elle a peine à croire qu'il s'agit de l'artiste qu'elle admire tant. Pourtant, celui qui profère ces énormités a bien le même visage que le peintre qu'elle a si souvent vu en photo dans les magazines d'art ! Elle se demande tout de même comment le peintre peut posséder une aussi grande maison, richement décorée, après les longues années de difficultés qu'il vient de traverser. C'est à n'y rien comprendre !

« Vous n'êtes pas tout à fait perdant, dans cette affaire, reprend-elle d'un ton incisif. Avec la publicité qui s'est faite autour de vous, votre exposition remportera un vrai succès, le public va s'y précipiter !

– Ah, ça, c'est sûr ! » rétorque vivement Eugène Delatoile, avec un étrange sourire. Puis, redevenant charmant :

« Que diriez-vous de rester déjeuner avec moi ? Nous parlerons de peinture, comme l'autre fois. Je vous demanderai seulement de m'attendre quelques instants, je dois faire un saut au musée ! Une affaire très urgente à régler... Alfred, mon majordome, vous montrera mon atelier. Vous pourrez y admirer des œuvres que je n'expose pas... »

Minnie hésite, pressentant un danger. Pourtant, poussée par l'envie d'en savoir plus, elle finit par accepter.

Eugène Delatoile troque sa veste d'intérieur contre un manteau très élégant, puis, glissant sous son bras un paquet entreposé dans l'entrée, il file en lui faisant un geste amical de la main.

Minnie regarde sa montre. Cela fait déjà une bonne demi-heure qu'elle tourne dans

l'atelier. Et, pendant tout ce temps, le dévoué Alfred ne l'a pas lâchée d'une semelle…

Il rôde dans la pièce, fait semblant de ranger en l'observant du coin de l'œil, puis ressort pour continuer à l'espionner par la porte entrebâillée.

Minnie sent sa présence lourde de menaces. Que peut bien signifier ce manège ? L'homme ne lui inspire instinctivement aucune confiance, mais en plus, on dirait qu'il a quelque chose à cacher.

« Avec le regard qu'il a, songe-t-elle, on peut s'attendre au pire ! »

Minnie regrette beaucoup de ne pas avoir emmené Pluto. Si le dénommé Alfred se révélait menaçant, il aurait tôt fait de lui mordre les mollets ou de lui déchirer le fond de culotte ! Et Mickey ? Peut-être aurait-elle dû l'appeler sur son portable au lieu de lui laisser ce mot stupide sur son bureau : « Ne t'inquiète pas, je suis chez Eugène Delatoile, je rentre bientôt ! »

De plus en plus mal à l'aise, Minnie décide d'appeler son associé. S'il est trop occupé pour décrocher, elle n'aura qu'à lui laisser un message sur sa boîte vocale.

« On ne sait jamais... » se dit-elle.

Mais le majordome ne la quitte pas des yeux. Impossible de s'isoler pour prévenir Mickey !

Chapitre 7
À QUI PROFITE LE CRIME ?

Minnie a rendu visite à son peintre préféré. Mais le comportement d'Eugène Delatoile la surprend beaucoup. Et son majordome a une attitude plutôt inquiétante...

Pour le coup, Finot manque tomber à la renverse : cela fait à peine dix minutes qu'on lui a signalé sur sa radio de bord que Donald venait de se réveiller. Et que voit-il ? Le même Donald, en pleine forme, qui sort en trombe de l'ascenseur de l'hôpital !

« Non mais, dis-moi que je rêve ! souffle-t-il à Mickey. En quoi est-il fait, ton copain ?

– Je ne sais pas ! s'esclaffe le détective. Je me demande si c'est bien un somnifère qu'on lui a administré... On dirait plutôt qu'il a été drogué aux vitamines ! »

Finot hoche la tête, abasourdi.

« Remarque, j'aime mieux ça ! »

Donald, qui les a aperçus, file droit vers eux. Il a l'air furibard.

« Ah, je vous préviens, explose-t-il en pointant un doigt menaçant, ça ne se passera pas comme ça !

– Eh bien, justement, on aimerait savoir : que s'est-il passé ? » lui demande le commissaire.

Donald soulève sa casquette de gardien et se gratte la tête pour mieux se concentrer :

« Il était environ onze heures, je faisais ma ronde habituelle... J'avais débranché le système d'alarme... Ma lampe torche allumée, j'arrive dans la salle d'exposition où M. Miraud m'a retrouvé inanimé et là, tandis que je passe à côté de la grande sculpture, vous savez, celle qui est au milieu de la pièce, j'entends un bruit et je sens une sorte de piqûre à l'épaule... Je me retourne pour voir ce que c'est et, tout à coup, mes yeux se brouillent, mes jambes flageolent et puis...

– Et puis quoi ? s'impatiente Finot.

– Et puis, rien… je me suis écroulé… après, c'est le trou noir ! Je ne me rappelle plus !

– Piètre témoignage ! bougonne Mickey. Ça ne nous avance pas beaucoup !

– On voit bien que ce n'est pas à toi que c'est arrivé ! s'énerve Donald.

– Bon, bon, mais est-ce que tu te souviens, au moins, à quoi ressemblait le bruit que tu as entendu ?

– Ah, pour ça oui ! s'écrie Donald. C'était comme un raclement, un grincement…

– Un raclement ou un grincement ?

– Je ne sais pas, moi ! C'était à la fois l'un et l'autre… Un peu les deux, quoi ! J'aimerais bien t'y voir ! »

Agacé par cette conversation, Finot propose de retourner au musée.

« On y verra plus clair là-bas ! »

Quelques minutes plus tard, les trois amis arrivent sur place…

« Il y a toujours autant de monde, constate Mickey.

– Qu'est-ce qu'ils font là, tous ces gens ? demande Donald, les yeux écarquillés.

– À ton avis ! » répond Finot.

La foule qui attend pour voir l'exposition forme une file qui s'allonge sur le trottoir.

« À qui profite le crime ? » grince Mickey.

En jouant des coudes, les trois amis pénètrent dans le musée. M. Miraud les accueille :

« Vous avez vu ? s'exclame-t-il. C'est encore pire que tout à l'heure ! »

Dans toutes les salles règne la cohue. Finot saisit Donald par le bras et l'entraîne sur le lieu du vol.

« Maintenant, tu recommences tout depuis le début ! » lui enjoint-il.

Donald visse sa casquette de gardien sur sa tête et, gestes à l'appui, retrace les événements. Mickey l'écoute en regardant la foule, lorsqu'un détail le fait sursauter. D'un coup de coude, il alerte Finot :

« Regardez qui arrive, commissaire ! »

Le policier aperçoit Eugène Delatoile qui pénètre dans la salle principale.

« Venez par là, ne nous faisons pas remarquer ! souffle Mickey. J'aimerais voir ce qu'il vient faire ici ! »

Donald s'est figé. Finot l'agrippe par la veste et le tire hors de vue. Il était temps ! L'artiste, un paquet sous le bras, s'approche de la sculpture centrale. Arrivé près du socle, il jette un rapide coup d'œil alentour, puis, contournant l'énorme statue, il se baisse et disparaît un instant.

« Qu'est-ce qui lui prend ? s'inquiète Finot.

– Il a peut-être un lacet défait ? suggère Donald.

– Ça m'étonnerait, répond Mickey. Il porte des mocassins… »

Le peintre réapparaît de l'autre côté de la statue. Le détective hoche la tête : c'est bien ce qu'il pensait, Eugène Delatoile n'a plus son paquet !

Les trois amis font semblant de discuter. Le peintre, qui les a repérés, retire ses petites lunettes, puis s'avance vers eux l'air décontracté, le sourire aux lèvres…

« Ah, commissaire, vous êtes sur le pied de guerre à ce que je vois ! N'est-ce pas formidable, cette soudaine affluence ?

– En effet, lâche Finot.

– Et pour le vol de la nuit dernière, il y a du nouveau ?

– Pas encore !

– Bon, alors je vous laisse, j'ai un déjeuner. Ah, au fait, j'oubliais, reprend-il en s'adressant à Mickey, votre amie est vraiment charmante ! »

Le détective observe Delatoile tandis qu'il s'éloigne. Pourquoi lui a-t-il parlé de Minnie ? Qu'a-t-il voulu insinuer exactement ? L'artiste et ses sous-entendus ne lui disent rien qui vaille. Inquiet, il décide d'appeler son amie sur son téléphone portable, quand ce dernier se met à sonner.

C'est Minnie ! Il reconnaît le numéro qui s'affiche. Il presse la touche OK et colle le combiné à son oreille. À l'autre bout du fil, il entend comme un cri étouffé, puis plus rien !

« Allô ! allô ! » hurle Mickey.

Silence, la communication est coupée.

« Il est arrivé quelque chose à Minnie », lance-t-il au commissaire.

Mickey a beau rappeler, rien à faire ! La ligne se trouve désormais sur boîte vocale...

« Tu sais où elle est ? » demande Finot.

Mickey réfléchit à toute vitesse : lorsqu'il l'a quittée le matin même, elle ne lui a rien dit ! Où a-t-elle pu aller ?

« Il faut que je file ! » annonce-t-il. Et sans plus d'explications, il sort en courant après avoir donné rendez-vous à Donald pour le soir...

Chapitre 8
ON A ENLEVÉ MINNIE

Donald s'est réveillé et a pu raconter sa version du cambriolage. Mickey se montre de plus en plus soupçonneux vis-à-vis du peintre. Il est très inquiet, car Minnie semble en danger…

Mickey relit pour la troisième fois le petit mot que Minnie lui a laissé sur son bureau, à l'Agence : *Ne t'inquiète pas, je suis chez Eugène Delatoile, je rentre bientôt.* Si, justement, il a toutes les raisons de s'inquiéter… Et plus encore depuis qu'il a vu le dossier que Finot lui a fait remettre au commissariat. Des similitudes avec ses propres recherches sur Internet s'y trouvaient.

L'artiste n'est certainement pas si honnête que cela. Son attitude de tout à l'heure, au musée, d'abord dissimulée, puis désinvolte, est suspecte. Qu'y avait-il dans le paquet qu'il portait sous son bras ? Et qu'en a-t-il fait ? Lorsque Mickey a contourné la grande sculpture en allant téléphoner, il n'a rien remarqué. Delatoile a dû le remettre discrètement à quelqu'un. Mais à qui ? Et pourquoi ?

Après un rapide coup de fil à M. Miraud pour avoir l'adresse du peintre, le détective file chez l'artiste.

Le moins que l'on puisse dire, c'est que l'accueil du dénommé Alfred n'a rien de chaleureux.

Le regard soupçonneux, il dévisage Mickey avant de le laisser entrer.

« Je vais voir si Monsieur peut vous recevoir ! »

Le majordome disparaît quelques instants, puis revient escorté d'un Eugène Delatoile rayonnant :

« Ah, cher ami ! Que me vaut le plaisir de votre visite ? Aucune catastrophe, j'espère ? Vous savez ce qu'on dit : "Jamais deux sans trois !" »

Mickey, poliment, esquisse un sourire de circonstance :

« Non, rassurez-vous, il n'est rien arrivé, du moins pas encore ! »

D'un geste de la main, Eugène Delatoile invite le détective à passer au salon. Mickey s'installe dans un fauteuil et va droit au fait :

« Minnie est-elle venue ici ?

– Votre amie ? s'exclame l'artiste. Bien sûr qu'elle est venue ! Elle voulait savoir ce que je pensais du vol de cette nuit. Nous avons bavardé un moment et je lui ai montré quelques-unes de mes toiles, dans mon atelier. Ensuite, elle est repartie, mais cela fait déjà pas mal de temps. C'est bien simple, comme j'avais à faire au musée, nous avons quitté la maison ensemble !

– Et elle ne vous a pas dit où elle allait ?

– Ah non, vraiment pas, et je n'avais aucune raison de le lui demander ! » répond le peintre, d'un ton bien trop poli pour être honnête.

Mickey se lève pour prendre congé. Il ne peut rien faire d'autre pour l'instant. L'œil aux aguets, il remarque quelque chose qui brille sur le sol, près d'un petit secrétaire.

Avec l'air de s'intéresser aux œuvres d'art qui encombrent la pièce, il s'approche puis, faisant semblant d'avoir un lacet défait, il se baisse et ramasse discrètement l'objet.

Le détective frémit en le glissant dans sa poche. Il vient de reconnaître la montre-bracelet qu'il a offerte à Minnie pour son dernier anniversaire. Cette fois, le doute n'est plus permis. Mais comment confondre le bandit sans faire courir de risque à Minnie, alors qu'elle est entre ses mains ?

« Toi, mon bonhomme, je vais t'avoir au tournant, et plus vite que tu ne l'imagines », songe le détective en quittant l'artiste qui, toujours aussi empressé, ne s'est aperçu de rien.

Sitôt dans la rue, Mickey appelle Finot au téléphone.

« Bon sang, où es-tu ? grogne le commissaire, je carillonne à l'Agence depuis un quart d'heure et personne ne m'ouvre !

– Et pour cause, je suis dans la rue, répond Mickey. Je sors de chez Eugène Delatoile… C'est lui le coupable, il vient d'enlever Minnie ! »

Finot manque s'étrangler au bout du fil.

« Quoi ? Qu'est-ce que tu racontes ? Tu en es sûr ?

– Absolument sûr, commissaire, mais je ne peux pas vous expliquer toute l'histoire maintenant. Faites-moi confiance et placez la maison du peintre sous surveillance... Je vous rappelle ! »

Pendant ce temps, Minnie reprend lentement ses esprits. L'atmosphère froide et humide la fait frissonner. Que lui est-il donc arrivé ?

Encore tout engourdie, elle essaie tant bien que mal de se souvenir : elle appelait Mickey sur son portable et, lorsqu'il a décroché, Alfred a surgi derrière elle et lui a appliqué un coton imbibé de chloroforme sur le visage. Après... plus rien, le vide... elle s'est évanouie.

Un peu groggy, la détective se redresse. Elle sent qu'une personne s'approche de son épaule et qu'une main lui tapote la joue. Quelqu'un l'appelle d'une voix douce.

« Hé, oh, réveillez-vous ! »

Minnie réussit tant bien que mal à articuler quelques mots :

« Où suis-je ?

– Dans la cave, enfermée avec moi, mais ne vous inquiétez pas, je ne vous ferai aucun mal ! »

La pauvre Minnie finit par ouvrir les yeux et marque un brusque mouvement de recul : l'homme qui vient de lui parler et qui émerge maintenant du brouillard a les traits d'Eugène Delatoile !

« Vous êtes…

– Eugène Delatoile, le vrai ! précise-t-il.

– Cela signifie qu'il y a un faux ? demande Minnie, un peu ahurie.

– Oui, là-haut, dans la maison. C'est mon frère jumeau ou... ma doublure, si vous préférez ! Il se fait passer pour moi tandis qu'il me retient prisonnier. En fait, c'est moi qui peins et sculpte ! Lui ne fait qu'exploiter mon talent et gagner de l'argent en profitant de ma notoriété ! Il se sert de moi pour commettre ses méfaits !

– Le scélérat ! » s'écrie Minnie qui comprend brusquement : le vernissage raté, le vol des tableaux... cet odieux montage n'avait pour but que de mobiliser la presse, faire monter la cote de l'artiste et toucher l'argent de l'assurance en l'escroquant !

« Il faut sortir d'ici ! » dit-elle en se relevant.

Chapitre 9
TRAQUE AU MUSÉE

Minnie a été kidnappée par le jumeau d'Eugène Delatoile, un escroc qui se fait passer pour son frère. Elle est enfermée dans la cave avec le peintre. Heureusement, Mickey a découvert la vérité…

Après avoir vivement raccroché au nez de Finot, Mickey jette un dernier coup d'œil sur la maison d'Eugène Delatoile. La nuit commence à tomber.

Le détective décide de passer par l'Agence pour revoir un détail sur son ordinateur, avant de filer au musée. Il faut qu'il rassemble des preuves pour faire éclater la vérité, envoyer le bandit en prison et surtout délivrer Minnie… Et il a bien l'impression que c'est dans la salle d'exposition qu'il trouvera les éléments dont il a besoin.

La foule du matin s'est dissipée. Il ne reste que Donald, bouillant d'impatience, qui fait les cent pas dans l'entrée.

« Non mais, tu as vu l'heure, gronde-t-il en apercevant Mickey. Je commençais à m'inquiéter ! C'est que je t'attends pour la garde de nuit, moi ! »

Le détective regarde son ami avec un sourire. Les événements de la veille n'ont pas entamé sa belle vitalité. Il fulmine, les poings enfoncés dans les poches de son bel uniforme.

« J'ai cru que tu m'avais laissé tomber ! poursuit Donald.

– Du calme, je suis là. Mais dis-moi, puisque tu es le gardien-chef, comment se fait-il que tu ne sois pas à ton poste ?

– Tout simplement parce que j'attends que l'équipe de nettoyage ait fini son travail. Je ne vais pas brancher le système d'alarme quand plusieurs gars passent l'aspirateur et le chiffon dans toutes les salles ! »

Mickey sursaute.

« L'équipe de nettoyage, dis-tu ?

– Ben oui, comme tous les soirs à la même heure ! »

Le détective se frappe soudain le front : comment n'y avait-il pas pensé ? C'est forcément à ce moment-là de la journée que le voleur s'est introduit incognito dans le musée. Reste à savoir qui il est et où il a bien pu se cacher…

« C'est sûrement un malin, ironise Donald. Il a dû se déguiser en statue pour qu'on ne puisse pas le repérer ! »

Mickey, malgré son inquiétude, pouffe de rire en imaginant le bandit avec un mobile sur la tête et des figures géométriques au bout de chaque bras.

« Je vois que tu apprécies tout particulièrement le talent d'Eugène Delatoile, note-t-il, mais tu as raison, le cambrioleur est un malin… »

Les heures défilent. Mickey commence à se poser des questions : et s'il se trompait, s'il ne se passait rien cette nuit ? Tout paraît si calme, si normal.

Tandis que le détective veille, les yeux rivés sur l'écran de surveillance, Donald en profite pour s'assoupir dans son fauteuil ; quelques minutes plus tard, le voilà qui ronchonne dans son sommeil !

Mickey jette un coup d'œil à sa montre : vingt-trois heures, c'est l'heure de la ronde... Il réveille son compagnon et lui tend sa lampe torche. Donald bougonne et ouvre des yeux ensommeillés. Le détective coupe alors le dispositif de sécurité et s'engage derrière lui dans la première salle d'exposition.

Un silence impressionnant les saisit. Donald brandit sa lampe et balaie chaque recoin de la pièce. Mickey suit des yeux le faisceau lumineux qui tremble un peu.

« Ne me dis pas que tu as peur ! souffle-t-il à son compagnon.

– Pas du tout, pourquoi crois-tu ça ? se vexe Donald.

– Oh, pour rien ! »

Les deux amis reprennent leur ronde. Ils approchent de la grande salle. Mickey tend le bras pour stopper son compagnon.

« Si quelque chose doit se jouer cette nuit, c'est ici ! lui chuchote-t-il. Éteins ta lampe et, surtout, ne fais pas de bruit ! »

Imitant son ami détective, Donald se glisse à tâtons dans la pièce, puis, collant son dos au mur, il attend en retenant sa respiration. Mickey lui serre discrètement le bras : il vient d'entendre un léger raclement sur le sol.

« C'est le même bruit que la nuit dernière ! » lui murmure Donald.

Le détective tend l'oreille : cette fois, ce n'est plus un raclement qu'il perçoit, mais le chuintement de semelles de crêpe sur le parquet. Quelqu'un marche dans la salle, c'est sûr. Dans l'obscurité, Mickey ne voit rien. Les pas se rapprochent et il comprend que l'individu se dirige vers un des murs de la pièce. Tout à coup, le crissement sinistre d'une toile que l'on découpe au cutter retentit, et cela fait un bruit incroyable dans la nuit. Mickey serre à nouveau le bras de son compagnon pour qu'il se tienne prêt à bondir.

« Maintenant ! » lui crie-t-il.

Donald allume brusquement sa lampe torche et éclaire l'endroit d'où provenaient les bruits. Surpris en pleine action, un homme de très petite taille, équipé de lunettes infrarouges, pour voir dans le noir, se tourne vers eux et sort un objet brillant de la besace qu'il tient en bandoulière. Le détective a juste le temps d'apercevoir une sorte de pistolet.

« Attention ! » hurle-t-il.

Trop tard ! L'homme a tiré et Donald, touché, s'écroule à terre, une seringue hypodermique remplie de soporifique plantée dans l'épaule. Mickey vole à son secours. Mais il ne peut plus rien pour lui. Le pauvre Donald dort... Le voilà reparti pour une sieste forcée. Pour un peu, on entendrait des clochettes tintinnabuler au-dessus de sa tête !

Mickey se redresse d'un bond et s'élance à la poursuite de l'homme qui s'enfuit. Gêné par son attirail, le bandit perd peu à peu du terrain. Mickey est sur le point de le rattraper quand l'homme se retourne brusquement et tire de nouveau. Avec agilité, le détective esquive le projectile.

La course reprend de plus belle à travers les salles d'exposition. Mickey bouscule intentionnellement un tableau en passant, ce qui déclenche aussitôt l'alarme. Finot, alerté, ne va pas tarder à arriver !

Mickey accélère. C'est le moment ! Il plonge vers le sol et, saisissant le bandit aux jambes, le fait tomber. Les deux ennemis roulent à terre. D'un coup de poing, le détective étourdit son adversaire. Vite, le pistolet ! Mickey s'en empare et tire. En une fraction de seconde, le bandit rejoint Donald au pays des songes !

Chapitre 10
COUP DOUBLE…

Mickey a passé la nuit au musée. Conformément à ses soupçons, il y a surpris le cambrioleur en flagrant délit et a réussi à le capturer. Donald, de son côté, fait de nouveau de beaux rêves…

Finot, accompagné d'une escouade de policiers, rejoint Mickey près de la grande sculpture.

« Alors, ça y est, tu l'as eu ! claironne le commissaire.

– Oui ! Et regardez où il était caché ! » s'exclame Mickey.

Le policier se penche pour observer l'habitacle aménagé dans le socle en bois laqué de la statue ; un des quatre panneaux pivote et permet d'y accéder.

« Ce n'est pas idiot, ça ! s'exclame Finot.

Quand je pense qu'on a tourné autour pendant des heures sans même l'imaginer! Dis donc, c'est minuscule là-dedans! poursuit le commissaire en examinant l'intérieur avec sa lampe torche. J'aurais de la peine à y entrer. J'ai du mal à croire que ce type y ait passé deux jours enfermé !

– C'est bien pour ça que celui qui a organisé le cambriolage a choisi un complice d'aussi petite taille. Et puis, il n'y est sûrement pas resté deux jours d'affilée, explique Mickey, il a dû profiter de l'affluence, pendant la journée, pour sortir discrètement se dégourdir les jambes et se rafraîchir dans les toilettes du musée.

– Sûrement ! Mais comment a-t-il fait pour ne pas mourir de faim?

– Eh bien, grâce au paquet de victuailles que son patron, Eugène Delatoile, lui a apporté, précise Mickey. Souvenez-vous, commissaire, ça s'est passé sous nos yeux, ce matin.

– Tu avais donc raison tout à l'heure, c'est l'artiste, le coupable.

– Si ce n'est pas lui, c'est son double! laisse tomber Mickey.

– Son double ? Que veux-tu dire ?

– Je vous expliquerai ça tout à l'heure, si vous le voulez bien, commissaire… Mais maintenant que nous tenons son complice, il n'y a plus de temps à perdre. Il faut vite aller libérer Minnie ! »

Pendant ce temps, la détective fait le point avec le vrai Eugène Delatoile.

Ensemble, ils préparent un plan pour s'évader de cette horrible cave.

« Bon, alors, on est d'accord, récapitule l'artiste en montrant le tableau qu'il vient juste de terminer. Je préviens Alfred que la toile est prête et quand il descend la chercher, vous l'assommez avec ce tabouret. »

Minnie s'embusque au pied de l'escalier tandis que Delatoile presse le bouton de l'interphone.

Le majordome ne tarde pas à arriver en bougonnant. L'œil mauvais, il descend les marches.

« Qu'est-ce que vous voulez encore ? » marmonne-t-il.

Soudain Minnie surgit et lui assène un bon coup sur la tête.

Avec une grimace de douleur, le bandit s'effondre de tout son long.

Méfiante, Minnie vérifie qu'il est bien assommé avant de le contourner.

« Venez, sortons d'ici ! » lance Delatoile. Puis, d'un coup de poing, il brise l'interphone et monte l'escalier, sans oublier de fermer à double tour la porte de la cave.

« Comme cela, ce voyou ne pourra pas donner l'alerte ! »

À pas de loup, Minnie se glisse dans le vestibule. Un bruit d'eau lui parvient.

« Par ici, dans la salle de bains ! » lui souffle Delatoile.

La détective suit l'artiste le long du couloir jusqu'à une porte entrouverte. Le bandit sifflote de l'autre côté tout en s'appliquant du savon à barbe sur le menton.

« Drôle d'heure pour faire ça ! chuchote Minnie.

– Je me rase également chaque soir avant de me coucher. C'est bien l'unique point commun que nous ayons ! »

Puis Delatoile jette un rapide coup d'œil alentour. Personne ! Le bandit est seul, il faut en profiter !

D'un coup de pied, il ouvre la porte et bondit.

Son frère jumeau l'aperçoit dans le miroir; saisissant un tabouret, il se retourne pour l'affronter. Le combat s'engage entre les deux hommes qui se ressemblent à s'y méprendre.

Le peintre attrape le poignet de son frère et le tord pour lui faire lâcher le tabouret, qui tombe sur le carrelage avec fracas.

« À mains nues, c'est tout de même mieux, non? » lance-t-il d'un ton calme.

Le jumeau écume de rage. Il se redresse soudain et, d'un violent uppercut, envoie l'artiste s'écraser sur le sol. À demi étourdi, Eugène Delatoile a de la peine à se relever.

Bien décidé à en finir, le bandit se saisit alors d'un porte-savon de marbre et se rue sur son frère. À l'instant où il va le frapper, son pied glisse sur la savonnette qu'il a fait tomber sur le sol. Déséquilibré, il essaie de se rattraper au lavabo mais, emporté par son élan, il bascule en arrière et s'assomme contre le bord de la baignoire.

Retranchée dans un coin de la pièce, Minnie ouvre des yeux horrifiés. L'homme gît sur le carrelage, inanimé. L'artiste, qui a repris ses esprits, se redresse.

« Aidez-moi à le ligoter avant qu'il se réveille ! »

À cet instant, la porte de la maison s'ouvre avec fracas. Nos deux amis entendent une cavalcade dans le couloir.

L'arme au poing, Finot fait irruption dans la salle de bains, suivi de Mickey.

« Mince alors, s'exclame le commissaire, des sosies !

– Eh oui, commissaire, s'écrie Mickey, ravi de retrouver Minnie saine et sauve. Et voici le faux peintre ! »

Le détective s'approche de l'homme ficelé sur le sol. Finot le regarde, interloqué, et demande :

« C'est qui, en fait, ce gars-là ?

– Yvan Delatoile, commissaire, plus connu sous le nom d'Yvan-le-faussaire... une de vos vieilles connaissances !

– Et l'autre ? s'exclame-t-il en désignant le peintre qui se tient près de Minnie.

– Eugène Delatoile, l'artiste ! Le vrai, l'unique ! »

Le policier soulève sa casquette et se

gratte la tête. Décidément, l'affaire n'est pas claire.

« C'est très simple, explique Mickey, Yvan a été séparé de son frère Eugène à la naissance, mais un jour, certainement par hasard, il a appris son existence en feuilletant une revue d'art. Leur ressemblance sur la photo était si flagrante qu'il a décidé d'abandonner sa carrière de braqueur de banques, de se loger bien au chaud chez son frère, de le séquestrer dans sa propre maison et de le contraindre à travailler pour lui ! À partir de là, sa nouvelle vie a débuté : il s'est fait passer pour l'artiste et a profité de son talent pour organiser un trafic d'œuvres d'art, aussi lucratif que malhonnête. Récemment, il est passé à la deuxième phase de son plan : organiser des cambriolages pour escroquer les assurances et faire monter la cote de son frère.

– Et comment tu sais tout ça, toi ?

– Grâce à Internet et à vous, commissaire… répond Mickey en affichant un air modeste. Lorsque j'ai vu Eugène Delatoile au vernissage, j'ai été frappé par sa ressemblance avec un portrait-robot d'Yvan-le-faussaire que j'avais pu trouver sur un site traitant du banditisme. J'ai approfondi mes recherches sur Internet, comparé toutes les informations et je n'ai eu qu'à en tirer les conclusions : Eugène Delatoile et Yvan-le-faussaire sont jumeaux !

– C'est vrai, confirme Eugène Delatoile. Mon frère Yvan a été enlevé juste après notre naissance. Malgré une enquête sérieuse, on ne l'a jamais retrouvé, au grand désespoir de mes parents. Les années ont passé, il est devenu le bandit qui a défrayé la chronique, et moi, l'artiste que vous connaissez. Il a eu l'idée, ensuite, de prendre ma place. Ma pseudo-disparition n'a été qu'un coup de publicité pour brouiller les pistes ! »

Finot se frotte les mains, satisfait. Voilà une affaire rondement menée.

« Flanquez-moi ce lascar dans le fourgon. Il tiendra compagnie à son complice qui ronfle comme un sonneur », ordonne-t-il à ses hommes.

Puis, se tournant vers Mickey et Minnie :

« Il serait peut-être temps qu'on aille se reposer, non ? Tout le monde dort dans cette histoire, sauf nous ! »

Table des matières

NOUVEAUTÉ

28. Joyeux Noël...

Chute de météorite, canicule, déluge, invasion de sauterelles... Décidément, cette journée de Noël s'annonce bien mouvementée pour les habitants de Mickeyville.
Assistés du professeur Mirandus, Mickey et Minnie tentent de percer le secret de ces catastrophes en série.

COLLECTION MYSTÈRE

1. CASSES EN CASCADE
2. LES FANTÔMES SE DÉCHAÎNENT
3. MISSION SECRÈTE
4. SALE AFFAIRE !
5. ARNACADABRA
6. FESTIVAL DE CANAILLES
7. MORT SUBITE
8. PANIQUE AU COLLÈGE
9. LE CIRQUE MAUDIT
10. LES SAVANTS FOUS
11. MYSTÈRE DANS LE FUTUR
12. LA CHASSE AU TRÉSOR
13. ANIMAUX EN PÉRIL
14. CAUCHEMAR DANS LA BRUME
15. LA VALLÉE MAUDITE
16. LE CHARME MALÉFIQUE
17. LE MAÎTRE DES MIROIRS
18. HALLOWEEN
19. S.O.S. ANIMAUX
20. VOL 815 POUR MICKEYVILLE
21. TERREUR SUR LE NET
22. FAUX BILLETS, VRAIS VOLEURS
23. LE SECRET DU TEMPLE
24. ENFANTS EN DANGER
25. LE VOILIER FANTÔME
26. ENLÈVEMENT À LA COLO
27. RUSE AU MUSÉE
28. JOYEUX NOËL...

Imprimé en France - Produit complet IME
Dépôt légal n° 6498 - Novembre 2000
46.35.1748.01/6 - ISBN : 2.23.001101.4
Loi n° 49-956 du 16 juillet 1949 sur les publications
destinées à la jeunesse.